A MISERICÓRDIA DE DEUS

CARTA APOSTÓLICA
DE JOÃO PAULO II
SOB FORMA DE "MOTU PROPRIO"

MISERICORDIA DEI

SOBRE ALGUNS ASPECTOS
DA CELEBRAÇÃO
DO SACRAMENTO DA PENITÊNCIA

A MISERICÓRDIA DE DEUS

CARTA APOSTÓLICA
DE JOÃO PAULO II
SOB FORMA DE "MOTU PROPRIO"

MISERICORDIA DEI

SOBRE ALGUNS ASPECTOS
DA CELEBRAÇÃO
DO SACRAMENTO DA PENITÊNCIA

6ª edição – 2009
2ª reimpressão – 2016

Nenhuma parte desta obra poderá ser reproduzida ou transmitida por qualquer forma e/ou quaisquer meios (eletrônico ou mecânico, incluindo fotocópia e gravação) ou arquivada em qualquer sistema ou banco de dados sem permissão escrita da Editora. Direitos reservados.

Paulinas
Rua Dona Inácia Uchoa, 62
04110-020 – São Paulo – SP (Brasil)
Tel.: (11) 2125-3500
http://www.paulinas.org.br – editora@paulinas.com.br
Telemarketing e SAC: 0800-7010081

© Pia Sociedade Filhas de São Paulo – São Paulo, 2002

CARTA APOSTÓLICA DE JOÃO PAULO II SOB FORMA DE "MOTU PROPRIO"

MISERICORDIA DEI

SOBRE ALGUNS ASPECTOS DA CELEBRAÇÃO DO SACRAMENTO DA PENITÊNCIA

Pela misericórdia de Deus, Pai que reconcilia, o Verbo se encarnou no seio puríssimo da Bem-aventurada Virgem Maria para salvar "o povo dos seus pecados" (Mt 1,21) e abrir-lhe "o caminho da salvação".[1] São João Baptista confirma esta missão, indicando Jesus como o "Cordeiro de Deus", "Aquele que tira o pecado do mundo" (Jo 1,29). Toda a obra e a pregação do Precursor é um chamado enérgico e premente à penitência e à conversão, cujo sinal é o batismo administrado nas águas do Jordão. Também Jesus se submeteu àquele rito penitencial (cf. Mt 3,13-17), não porque

---

[1] *Missal Romano*, Prefácio do Advento I.

tenha pecado, mas porque "Se deixa contar entre o número dos pecadores; é já o "Cordeiro de Deus que tira o pecado do mundo" (Jo 1,29), e antecipa já o "batismo" da sua morte sangrenta".[2] Assim, a salvação é, antes de mais nada, redenção do pecado, enquanto impedimento da amizade com Deus, e libertação do estado de escravidão, no qual se encontra o homem que cedeu à tentação do Maligno e perdeu a liberdade dos filhos de Deus (cf. Rm 8,21).

A missão confiada por Cristo aos Apóstolos é o anúncio do Reino de Deus e a pregação do Evangelho tendo em vista a conversão (cf. Mc 16,15; Mt 28,18-20). Na tarde do mesmo dia da Ressurreição, quando está iminente o início da missão apostólica, Jesus confere aos Apóstolos, pela força do Espírito Santo, o poder de reconciliar com Deus e com a Igreja os pecadores arrependidos: "Recebei o Espírito Santo. Àqueles a quem perdoardes os pecados, ser-lhes-ão perdoados; àqueles a quem os retiverdes, ser-lhes-ão retidos" (Jo 20,22-23).[3]

Na incessante praxe da Igreja ao longo da história, o "ministério da reconciliação" (2Cor 5,18), realizada mediante os sacramentos do Batismo e da Peni-

---

[2] *Catecismo da Igreja Católica*, 536.

[3] Cf. Conc. Ecum. de Trento, ses. XIV, *De sacramento paenitentiae*, cân. 3: *DS* 1703.

tência, revelou-se sempre um empenho pastoral vivamente prezado, realizado segundo o mandato de Jesus como parte essencial do ministério sacerdotal. A celebração do sacramento da Penitência conheceu, ao longo dos séculos, uma evolução com diversas formas expressivas, mas sempre conservando a mesma estrutura fundamental que compreende necessariamente, além da participação do ministro — só um bispo ou um presbítero, que julga e absolve, cura e sara em nome de Cristo —, os atos do penitente: a contrição, a confissão e a satisfação.

Na Carta Apostólica *Novo millennio ineunte,* escrevi: "Solicito ainda uma renovada coragem pastoral para, na pedagogia cotidiana das comunidades cristãs, se propor de forma persuasiva e eficaz a prática do *Sacramento da Reconciliação*. Em 1984, como recordareis, intervim sobre este tema através da Exortação pós-sinodal *Reconciliatio et paenitentia*, na qual foram recolhidos os frutos da reflexão da Assembléia Geral do Sínodo dos Bispos dedicada a esta problemática. Lá, convidava a que se fizesse todo o esforço para superar a crise do "sentido do pecado". [...] Quando o referido Sínodo se debruçou sobre o tema, estava à vista de todos a crise deste Sacramento, sobretudo em algumas regiões do mundo. E os motivos que a originaram não desapareceram neste breve espaço de tempo. Mas o Ano Jubilar, que foi caracterizado particularmente pelo recurso à Penitência sacramental, ofereceu-nos uma estimulante mensagem que não deve ser perdida: se tantos fiéis — jovens muitos deles — se aproximaram frutuosamente deste Sacramento, provavelmente é necessário que os Pastores se armem de maior confiança, criatividade e perseverança para o apresentarem e fazerem-no valorizar".[4]

Com estas palavras, quis e quero encorajar e, ao mesmo tempo, dirigir um forte convite aos meus irmãos Bispos — e, através deles, a todos os presbíteros — para um solícito relançamento do sacramento da Reconciliação, inclusive como exigência de autêntica caridade e de verdadeira justiça pastoral,[5] lembrando-lhes que cada fiel, com as devidas disposições interiores, tem o direito de receber pessoalmente o dom sacramental.

A fim de que o ministro do sacramento possa realizar o discernimento sobre as disposições dos penitentes para receber ou não a absolvição e para a devida penitência que há de impor, é necessário que o fiel, além da noção das faltas cometidas, da dor dos pecados e do propósito de não tornar a cair,[6] confesse

---

[4] N. 37: *AAS* 93 (2001) 292.

[5] Cf. CDC, cân. 213 e 843, §1.

[6] Cf. Conc. Ecum. de Trento, ses. XIV, *De sacramento paenitentiae*, cap. 4: *DS* 1676.

os seus pecados. Neste sentido, o Concílio de Trento declarou que é necessário, "por direito divino, confessar todos e cada um dos pecados mortais".[7] A Igreja viu sempre um nexo essencial entre o juízo confiado aos sacerdotes neste sacramento e a necessidade que os penitentes declarem os próprios pecados,[8] salvo nos casos de impossibilidade. Portanto, sendo a confissão completa dos pecados graves, por instituição divina, parte constitutiva do sacramento, ela não está de modo algum confiada à livre disposição dos Pastores (dispensa, interpretação, costumes locais etc.). A competente Autoridade eclesiástica especifica unicamente — nas relativas normas disciplinares — os critérios para distinguir a impossibilidade real de confessar os pecados de outras situações cuja impossibilidade é só aparente ou de qualquer modo superável.

Nas atuais circunstâncias pastorais, para atender aos pedidos apreensivos de numerosos Irmãos no Episcopado, considero conveniente recordar algumas leis canônicas em vigor sobre a celebração deste sacramento, especificando certos aspectos para, em espírito de comunhão com a responsabilidade que é pró-

---

[7] Ibid., cân. 7: *DS* 1707.

[8] Cf. ibid., cap. 5: *DS* 1679; Conc. Ecum. de Florença, *Decr. pro Armeniis* (22 de novembro de 1439): *DS* 1323.

pria de todo o Episcopado,[9] favorecer uma melhor administração daquele. Trata-se de tornar efetiva e de tutelar uma celebração cada vez mais fiel, e portanto sempre mais proveitosa, do dom confiado à Igreja pelo Senhor Jesus depois da ressurreição (cf. Jo 20, 19-23). Isto revela-se especialmente necessário quando se observa em certas regiões a tendência ao abandono da confissão pessoal, juntamente a um recurso abusivo à "absolvição geral" ou "coletiva", de modo que esta deixa de ser vista como meio extraordinário em situações totalmente excepcionais. Partindo de um alargamento arbitrário do requisito da *grave necessidade*,[10] perde-se de vista praticamente a fidelidade à configuração divina do sacramento, e concretamente a necessidade da confissão individual, com graves danos para a vida espiritual dos fiéis e para a santidade da Igreja.

Portanto, depois de ouvir a este respeito a Congregação para a Doutrina da Fé, a Congregação para o Culto Divino e a Disciplina dos Sacramentos e o Pontifício Conselho para os Textos Legislativos, bem como os pareceres dos venerados Irmãos Cardeais que estão à frente dos Decastéreos da Cúria Romana, rei-

---

[9] Cf. cân. 392; Conc. Ecum. Vat. II, Const. dogm. sobre a Igreja *Lumen gentium*, 23.27; Decr. sobre o ministério pastoral dos bispos *Christus Dominus*, 16.

[10] Cf. cân. 961, § 1, 2°.

terando a doutrina católica relativa ao sacramento da Penitência e da Reconciliação exposta sinteticamente no Catecismo da Igreja Católica,[11] ciente da minha responsabilidade pastoral e com plena consciência da necessidade e eficácia sempre atual deste sacramento, disponho o seguinte:

1. Os Ordinários lembrem a todos os ministros do sacramento da Penitência que a lei universal da Igreja reafirmou, aplicando a doutrina católica nesta matéria, que:

> *a*) "A confissão individual e íntegra e a absolvição constituem o único modo ordinário pelo qual o fiel, consciente de pecado grave, se reconcilia com Deus e com a Igreja; somente a impossibilidade física ou moral o escusa desta forma de confissão, podendo neste caso obter-se a reconciliação também por outros meios".[12]
>
> *b*) Por isso, "todo aquele que, em razão do ofício, tem cura de almas, está obrigado a providenciar para que sejam ouvidas as confissões dos fiéis que lhe estão confiados e que de modo razoável peçam para se confessar, a fim

---

[11] Cf. nn. 980-987; 1114-1134; 1420-1498.

[12] Cân. 960.

de que aos mesmos se ofereça a oportunidade de se confessarem individualmente em dias e horas que lhes sejam convenientes".[13]

Além disso, todos os sacerdotes com faculdade de administrar o sacramento da Penitência, mostrem-se sempre e plenamente dispostos a administrá-lo todas as vezes que os fiéis o peçam razoavelmente.[14] A falta de disponibilidade para acolher as ovelhas feridas, mais, para ir ao seu encontro e reconduzi-las ao aprisco, seria um doloroso sinal de carência de sentido pastoral em quem, pela Ordenação sacerdotal, deve reproduzir em si mesmo a imagem do Bom Pastor.

2. Os Ordinários do lugar, bem como os párocos e os reitores de igrejas e santuários, devem verificar periodicamente se existem efetivamente as maiores facilidades possíveis para as confissões dos fiéis. De modo particular, recomenda-se a presença visível dos confessores nos lugares de culto durante os horários previstos, a acomodação destes horários à situação real dos penitentes, e uma especial disponibilidade para

---

[13] Cân. 986, § 1.

[14] Cf. Conc. Ecum. Vat. II, Decr. sobre o ministério e vida dos presbíteros *Presbyterorum ordinis*, 13; *Ordo Paenitentiae, editio typica*, 1974, *Praenotanda*, n. 10,b.

confessar antes das Missas e mesmo para ir de encontro à necessidade dos fiéis durante a celebração da Eucaristia, se houver outros sacerdotes disponíveis.[15]

3. Visto que "o fiel tem obrigação de confessar, na sua espécie e número, todos os pecados graves de que se lembrar após diligente exame de consciência, cometidos depois do batismo e ainda não diretamente perdoados pelo poder das chaves da Igreja nem acusados em confissão individual",[16] seja reprovado qualquer costume que limite a confissão a uma acusação genérica ou somente de um ou mais pecados considerados significativos. Por outro lado, levando-se em conta o chamado de todos os fiéis à santidade, recomenda-se-lhes que confessem também os pecados veniais.[17]

4. À luz e no âmbito das normas precedentes, deve ser entendida e retamente aplicada a absolvição simultânea de vários penitentes sem prévia confissão individual, prevista no cân. 961 do Código de Direito Canônico. Aquela, com efeito, "reveste-se de caráter

---

[15] Cf. Congr. para o Culto divino e a Disciplina dos sacramentos, *Responsa ad dubia proposita:* «Notitiae», 37 (2001), 259-260.

[16] Cân. 988, § 1.

[17] Cf. cân. 988, § 2; João Paulo II, Exort. ap. pós-sinodal *Reconciliatio et paenitentia* (2 de Dezembro de 1984), 32: *AAS* 77 (1985) 267; *Catecismo da Igreja Católica*, 1458.

excepcional"[18] e "não pode dar-se de modo geral, a não ser que:

1) seja iminente o perigo de morte, e não haja tempo para um ou mais sacerdotes poderem ouvir a confissão de cada um dos penitentes;

2) haja *grave necessidade,* isto é, quando, dado o número de penitentes, não houver sacerdotes suficientes para, dentro de tempo razoável, ouvirem devidamente as confissões de cada um, de tal modo que os penitentes, sem culpa própria, fossem obrigados a permanecer durante muito tempo privados da graça sacramental e da sagrada comunhão; não se considera existir necessidade suficiente quando não possam estar presentes confessores bastantes somente por motivo de grande afluência de penitentes, como pode suceder em alguma grande festividade ou peregrinação".[19]

A respeito do caso de *grave necessidade*, especifica-se o seguinte:

---

[18] João Paulo II, Exort. ap. pós-sinodal *Reconciliatio et paenitentia* (2 de Dezembro de 1984), 32: *AAS* 77 (1985), 267.

[19] Cân. 961, § 1.

a) Trata-se de situações objetivamente excepcionais, como as que se podem verificar nos territórios de missão ou em comunidades de fiéis isolados, onde o sacerdote só pode passar uma ou poucas vezes ao ano, ou quando as condições de guerra, meteorológicas ou outras circunstâncias semelhantes o consintam.

b) As duas condições estabelecidas no cânone para configurar uma grave necessidade são inseparáveis, de modo que nunca é suficiente a mera impossibilidade de confessar "devidamente" cada um dos indivíduos "dentro de tempo razoável" devido à escassez de sacerdotes; mas a tal impossibilidade deve associar-se o fato de que, caso contrário, os penitentes ver-se-iam obrigados a permanecer "durante muito tempo", sem culpa própria, privados da graça sacramental. Deve-se, por isso, ter presente o conjunto das circunstâncias dos penitentes e da diocese, quando se atende à sua organização pastoral e à possibilidade de acesso dos fiéis ao sacramento da Penitência.

c) A primeira condição — a impossibilidade de ouvir "devidamente" as confissões "dentro de um tempo razoável" — refere-se só ao tempo normalmente requerido para a essencial administração válida e digna do sacramento, não sendo relevante a este respeito um colóquio pastoral mais amplo, que pode ser adiado para circunstâncias mais favoráveis. Este tempo razoavelmente oportuno para nele se ouvir as confissões, dependerá das possibilidades reais do confessor ou confessores e dos mesmos penitentes.

d) Quanto à segunda condição, caberá avaliar com um juízo prudencial qual seja a extensão do tempo de privação da graça sacramental a fim de que haja verdadeira impossibilidade conforme o cân. 960, sempre que não se esteja perante iminente perigo de morte. Tal juízo não é prudencial, se se desvirtua o sentido da impossibilidade física ou moral como no caso, por exemplo, de considerar que um período inferior a um mês implicaria permanecer "durante muito tempo" em tal privação.

e) Não é admissível criar ou permitir que se criem situações de aparente *grave necessidade*, derivadas da omissão da administração ordinária do sacramento pelo não cumprimento das normas acima indicadas[20] e, muito menos, da opção dos penitentes pela absolvição geral,

---

[20] Cf. *supra* nn. 1 e 2.

como se se tratasse de uma possibilidade normal e equivalente às duas formas ordinárias descritas no Ritual.

f) Não constitui suficiente necessidade, a mera grande afluência de penitentes, não só em ocasiões de uma festa solene ou de uma peregrinação, mas nem mesmo por turismo ou outras razões semelhantes devidas à crescente mobilidade das pessoas.

5. Não cabe ao confessor julgar se se verificam as condições requeridas pelo cân. 961-§1, 2, mas "ao Bispo diocesano, o qual, atendendo aos critérios fixados por acordo com os restantes membros da Conferência Episcopal, pode determinar os casos em que se verifique tal necessidade".[21] Estes critérios pastorais deverão ser expressão do esforço de total fidelidade, nas circunstâncias dos respectivos territórios, aos critérios de fundo definidos pela disciplina universal da Igreja, que se apóiam aliás nas exigências derivadas do mesmo sacramento da Penitência na sua divina instituição.

6. Numa matéria tão essencial para a vida da Igreja, sendo de fundamental importância a plena harmonia entre os vários Episcopados do mundo,

---

[21] Cân. 961, § 2.

as Conferências Episcopais, segundo o cân. 455-§ 2 do CDC, farão chegar quanto antes à Congregação para o Culto Divino e a Disciplina dos Sacramentos o texto das normas que pensam estabelecer ou atualizar, à luz deste *Motu proprio*, em aplicação do cân. 961 do CDC. Tal medida favorecerá, sem dúvida, uma sempre maior comunhão entre os Bispos de toda a Igreja, estimulando os fiéis de todas as partes a recorrer abundantemente às fontes da misericórdia divina, que sempre jorram do sacramento da Reconciliação.

Nesta perspectiva de comunhão, será também oportuno que os Bispos diocesanos informem as respectivas Conferências Episcopais se se verificam ou não, no próprio âmbito de jurisdição, casos de *grave necessidade*. Caberá, em seguida, às Conferências Episcopais informar a sobredita Congregação sobre a situação realmente existente no seu território, e as eventuais mudanças que se registrassem posteriormente.

7. Quanto às disposições pessoais do penitente, reitera-se que:

> a) "Para o fiel poder usufruir validamente da absolvição concedida simultaneamente a várias pessoas, requer-se não só que esteja devidamente disposto, mas que simultaneamente proponha confessar-se individualmente, no

devido tempo, dos pecados graves que no momento não pôde confessar".[22]

b) Na medida do possível, inclusive no caso de iminente perigo de morte, "instruam-se (os fiéis) a que procure cada um fazer o ato de contrição".[23]

c) É claro que não podem receber validamente a absolvição os penitentes que vivam em estado habitual de pecado grave e não queiram mudar a própria situação.

8. Mantendo-se a obrigação "de confessar fielmente os pecados graves, ao menos uma vez ao ano",[24] "aquele a quem forem perdoados pecados graves em absolvição geral, aproxime-se quanto antes, oferecendo-se a ocasião, da confissão individual, antes de receber nova absolvição geral, a não ser que surja causa justa".[25]

9. Acerca do *lugar* e da *sede* para a celebração do sacramento tenha-se em conta que:

---

[22] Cân. 962, § 1.

[23] Cân. 962, § 2.

[24] Cân. 989.

[25] Cân. 963.

a) "O lugar próprio para ouvir as confissões sacramentais é a igreja ou o oratório",[26] deixando porém claro que razões de ordem pastoral podem justificar as celebrações do sacramento em outros lugares;[27]

b) a sede para as confissões é disciplinada com normas estabelecidas pelas respectivas Conferências Episcopais, as quais deverão garantir que aquela esteja colocada "em lugar evidente" e seja também "munida de grade fixa", permitindo assim aos fiéis, e aos mesmos confessores, que o desejem, seu livre uso.[28]

Tudo o que estabeleci, com a presente Carta apostólica em forma de *Motu proprio*, ordeno que tenha valor pleno e estável e seja observado a partir deste dia, não obstante qualquer outra disposição em contrário. Aquela, por sua natureza, tem valor inclusive para as venerandas Igrejas Católicas Orientais, de acordo com os respectivos cânones que lhes são próprios.

---

[26] Cân. 964, § 1.

[27] Cf. cân. 964, § 3.

[28] Cf. cân. 964, § 2; Pont. Cons. para a Interpretação dos Textos legislativos, *Responsa ad propositum dubium: de loco excipiendi sacramentales confessiones* (7 de Julho de 1998): *AAS* 90 (1998) 711.

Dado em Roma, junto de São Pedro, no dia 7 de Abril Domingo da Oitava de Páscoa ou da Divina Misericórdia, no ano do Senhor de 2002, vigésimo quarto de Pontificado.

Impresso na gráfica da
Pia Sociedade Filhas de São Paulo
Via Raposo Tavares, km 19,145
05577-300 - São Paulo, SP - Brasil - 2016